DIOLCH Â

Hoff Emynau ● Best Loved Hymns

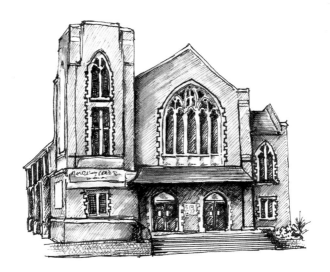

CYFROL ● VOLUME
4
CÔR CF1

CYHOEDDIADAU CURIAD

Am fanylion y CD, gweler tudalen 48
See CD details on page 48

© Cyhoeddiadau Curiad 2018

Darlun /*Drawing of* Albany Road Baptist Church, Caerdydd: Ruth Myfanwy
Llun y Côr/*Photo of Choir*: Taz Rahman *www.amonochromedream.com*
Dylunio/*Design*: Ruth Myfanwy

Argraffwyd gan / *Printed by*: Cambrian Printers, Aberystwyth
ISBN: 978-1-908801-07-4

CURIAD 1069

CURIAD, Talysarn, Caernarfon,
Gwynedd LL54 6AB Cymru/Wales
Tel: +44 (0)1286 882166
curiad@curiad.co.uk
www.curiad.co.uk

www.coraucymru.com   www.choirsofwales.com

Rhagair

Fe'm ganed yn 1935 ac ers plentyndod rwyf wedi bod yn canu'r emynau hyn yng nghapeli Lerpwl, Belvidere Road, Princes Road, ac erbyn hyn Bethel, Heathfield Road. Fe'm hysgogwyd i gomisiynu'r gyfres hon o 150 o'n hoff emynau a thonau ar ôl mynychu'r Gymanfa Ganu a gynhaliwyd yn Lerpwl yn 2015 yn ystod Gŵyl y Mimosa. Daeth cynulleidfa o ryw dri chant ynghyd o bob cwr o ogledd Cymru ond ychydig iawn oedd o dan drigain oed. Mae hyn yn adlewyrchu sefyllfa mynychu lle o addoliad gan y boblogaeth yn gyffredinol, a'r ofn y byddai ein hetifeddiaeth unigryw o ganu emynau yn mynd yn anghofiedig a'm hysgogodd i ymgymryd â'r fenter hon.

Recordiwyd y bedwaredd gyfres o emynau gorfoleddus gan Gôr CF1, a ffurfiwyd yn 2002, gydag aelodau o bob cwr o Gymru sydd wedi symud i Gaerdydd i fyw. Mae Eilir Owen Griffiths, cyfarwyddwr cerdd a chyfansoddwr, wedi arwain y côr ers y dechrau ac o dan ei gyfarwyddyd maent wedi ennill nifer o wobrau. Roeddent yn falch iawn o ennill y wobr gyntaf yn y gystadleuaeth ar gyfer corau cymysg yn Eisteddfod Genedlaethol Môn eleni yn ogystal â dod yn gyntaf yng nghystadleuaeth genedlaethol Côr y Flwyddyn yn 2014. Clywir eu lleisiau hefyd yn Stadiwm y Mileniwm o flaen gemau rygbi.

Ar y tudalennau cefn, rydym wedi dwyn i gof enwau'r dynion a'r merched ysbrydoledig hynny sydd wedi cyfoethogi ein bywydau gyda'u cyfansoddiadau am dros 200 o flynyddoedd. Yn ffermwyr, chwarelwyr a glowyr, ond yn awchus am ddysg ac yn caru Duw, maent wedi rhoi'r etifeddiaeth werthfawr hon i'r Cymry. Ar y tudalen blaen ceir llun pen ac inc o Eglwys Albany Road, lle y recordiwyd y CD hwn.

Rhaid diolch yn arbennig i'r Parch. Ddr. D. Ben Rees, gweinidog presennol Bethel, am ei gymorth i greu'r gyfres hon; yn ystod ei yrfa faith mae wedi dod i adnabod nifer helaeth o'r cyfansoddwyr a'r emynwyr hyn. Diolch i Dr. Pat Williams, am help gyda'r Gymraeg, ac i fy ymgynghorydd cerdd Mrs Rhiannon Liddell, cyn gadeirydd Côr Cymry Lerpwl. A diolch arbennig hefyd i Dr. Rhidian Griffiths, aelod o fwrdd golygyddol *Caneuon Ffydd*, am ei gyngor ysgolheigaidd. Cafwyd gwybodaeth am yr emynwyr a'r cyfansoddwyr oddi wrth eu teuluoedd a hefyd o'r *Bywgraffiadur Cymreig* (yba.llgc.org.uk) a'r *Cydymaith Caneuon Ffydd* gyda'u toreth o wybodaeth werthfawr. Rhaid diolch hefyd i'r rhai sy'n berchen yr hawlfraint ar yr emynau hyn am roi eu caniatâd iddynt gael eu cynnwys yn y dctholiad hwn er budd a bendith i ni oll.

Ted Clement-Evans

www.coraucymru.com   *www.facebook.com/choirsofwales*

Foreword

I was born in 1935 and since a boy have been singing these hymns and carols in the Liverpool Chapels of Belvidere Road, Princes Road, and currently Bethel, Heathfield Road. I was driven to commission this series of 150 of our favourite hymn tunes and words by the *Cymanfa Ganu* held in Liverpool in 2015, in the course of the Mimosa Festival. The congregation came from all parts of north Wales but few were below the age of sixty, reflecting the chapel-going habit of the population at large and it was the fear that our unique heritage of communal singing would be forgotten that has inspired this project.

The 4th in this series of hymn tunes of such passion and warmth has been recorded by Côr CF1, a choir formed in 2002, its members coming from all over the country to make their home in Cardiff. Eilir Owen Griffiths, musical director and composer, has conducted the choir since its inception and under his leadership they have gained several awards. They were particularly pleased to win first prize in the Mixed Choir category at the National Eisteddfod in Anglesey this year, in addition to winning the National Choir of the Year competition in 2014. Their singing can also be heard in the Millennium Stadium before rugby matches.

On the back pages, we have brought to life the names of those inspired and cultured men and women whose creations, over more than 200 years, have graced our lives. Coming from a background of farmers, quarrymen and miners, but imbued with a love of learning and of God, they have given this precious heritage to the people of Wales. A pen-and-ink drawing of the Albany Road Church, where this recording was made, graces the front cover.

Particular thanks and acknowledgement of their assistance in the creation of this series must be given to Revd. Dr. D. Ben Rees, the present minister at Bethel, who has known so many of the composers and lyricists. Thanks also to our team of Dr. Pat Williams who is so well versed in the Welsh language and culture and to Rhiannon Liddell, a former chair of the Liverpool Welsh Choral. A very special thanks to Dr. Rhidian Griffiths, a member of the editorial board of the hymnal, *Caneuon Ffydd*, who has been punctilious in his scholarly advice and ever helpful. A special acknowledgement is due also to the *Dictionary of Welsh Biography* (yba.llgc.org.uk) and *Cydymaith Caneuon Ffydd* with their illuminating entries on the authors and composers of the glorious works we are embarked upon. Grateful thanks must also be given to the copyright holders who have so generously given their permission for these hymns to be included.

Ted Clement-Evans

www.choirsofwales.com   *www.facebook.com/choirsofwales*

Cynnwys • Contents

1.

Tydi a Roddaist

ARWEL HUGHES, 1909 - 88

Defnyddir trwy ganiatâd. Used by permission of Oriana Publications and Arwel Hughes' estate.

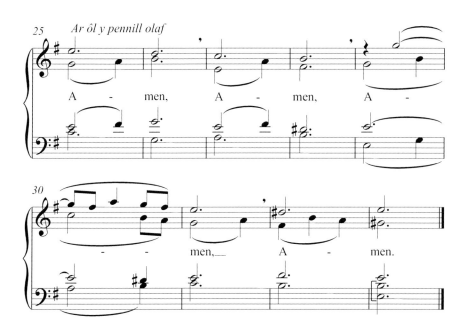

Tydi, a roddaist liw i'r wawr
   a hud i'r machlud mwyn,
tydi, a luniaist gerdd a sawr
   y gwanwyn yn y llwyn,
O cadw ni rhag colli'r hud
sydd heddiw'n crwydro drwy'r holl fyd.

Tydi, a luniaist gân i'r nant,
   a'i su i'r goedwig werdd,
tydi, a roist i'r awel dant
   ac i'r ehedydd gerdd,
O cadw ni rhag dyfod dydd
na yrr ein calon gân yn rhydd.

Tydi, a glywaist lithriad traed
   ar ffordd Calfaria gynt,
tydi, a welaist ddafnau gwaed
   y Gŵr ar ddieithr hynt,
O cadw ni rhag dyfod oes
heb goron ddrain na chur na chroes.

T. ROWLAND HUGHES, 1903-49

2. Maes-Gwyn

JOHN EDWARDS, 1879 - 1930

O fendigaid Geidwad,
　　clyw fy egwan gri,
crea ddelw'r cariad
　　yn fy enaid i;
carwn dy gymundeb
　　nefol, heb wahân,
gwelwn wedd dy ŵyneb
　　ond cael calon lân.

Plygaf i'th ewyllys,
　　tawaf dan bob loes,
try pob Mara'n felys,
　　braint fydd dwyn y groes;
molaf dy drugaredd
　　yn y peiriau tân;
digon yn y diwedd
　　fydd cael calon lân.

O fendigaid Arglwydd,
　　ar fy nhaith drwy'r byd
gwynned dy sancteiddrwydd
　　ddyddiau f'oes i gyd;
angau dry'n dangnefedd,
　　try y Farn yn gân;
nefoedd wen, ddiddiwedd
　　fydd i'r galon lân.

PEDROG, 1853-1932

11

3.

Cwm Rhondda

JOHN HUGHES, 1873 - 1932

Wele'n sefyll rhwng y myrtwydd
   wrthrych teilwng o'm holl fryd,
er mai o ran yr wy'n adnabod
   ei fod uwchlaw gwrthrychau'r byd:
     henffych fore
   y caf ei weled fel y mae.

Rhosyn Saron yw ei enw,
   gwyn a gwridog, teg o bryd;
ar ddeng mil y mae'n rhagori
   o wrthrychau penna'r byd:
     ffrind pechadur,
   dyma ei beilot ar y môr.

Beth sydd imi mwy a wnelwyf
   ag eilunod gwael y llawr?
Tystio 'rwyf nad yw eu cwmni
   i'w gystadlu â'm Iesu mawr:
     O am aros
   yn ei gariad ddyddiau f'oes.

ANN GRIFFITHS, 1776-1805

4. Bryn Myrddin

J. MORGAN NICHOLAS, 1895 - 1963

Mawr oedd Crist yn nhragwyddoldeb,
  mawr yn gwisgo natur dyn,
mawr yn marw ar Galfaria,
  mawr yn maeddu angau'i hun;
hynod fawr yw yn awr,
Brenin nef a daear lawr.

Mawr oedd Iesu yn yr arfaeth,
  mawr yn y cyfamod hedd,
mawr ym Methlem a Chalfaria,
  mawr yn dod i'r lan o'r bedd;
mawr iawn fydd ef ryw ddydd
pan ddatguddir pethau cudd.

Mawr yw Iesu yn ei Berson,
  mawr fel Duw, a mawr fel dyn,
mawr ei degwch a'i hawddgarwch,
  gwyn a gwridog, teg ei lun;
mawr yw ef yn y nef
ar ei orsedd gadarn, gref.

1, 3 TITUS LEWIS, 1773-1811
2 ANAD.

5.   Rhyd-y-Groes

T. D. EDWARDS, 1874 - 1930

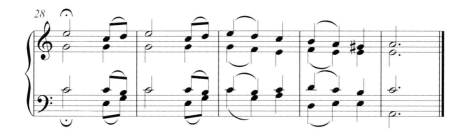

Duw mawr y rhyfeddodau maith,
rhyfeddol yw pob rhan o'th waith,
ond dwyfol ras, mwy rhyfedd yw
na'th holl weithredoedd o bob rhyw:
pa dduw sy'n maddau fel tydi
yn rhad ein holl bechodau ni?

O maddau'r holl gamweddau mawr
ac arbed euog lwch y llawr;
tydi yn unig fedd yr hawl
ac ni chaiff arall ran o'r mawl:
pa dduw sy'n maddau fel tydi
yn rhad ein holl bechodau ni?

O boed i'th ras anfeidrol, gwiw
a gwyrth dy gariad mawr, O Dduw,
orlenwi'r ddaear faith â'th glod
hyd nefoedd, tra bo'r byd yn bod:
pa dduw sy'n maddau fel tydi
yn rhad ein holl bechodau ni?

SAMUEL DAVIES, 1723-61
cyf. J. R. JONES, 1765-1822

6.

Diolch â Chân

W. A. MOZART, 1756 - 91
Trefn. J. Lloyd Edwards, 1877 - 1951

Ar - glwydd mawr y nef__ a'r ddae - ar, ffyn - non go - lud

pawb o hyd,__ ar - nat ti di - byn - na'r cre - ad,

d'o - fal di sy'n dal y byd; am__ gy - su - ron

Am brydferthwch nef a daear,
  haul a sêr a bryn a dôl,
ac am gariad mwyn rieni
  a chartrefu yn eu côl,

am fwynderau bywyd ieuanc
  a meddyliau pur a glân,
Arglwydd mawr y nef a'r ddaear,
  derbyn ddiolch drwy ein cân.

J. LLOYD HUMPHREYS, 1875-1947

7.

Crimond

JESSIE SEYMOUR IRVINE, 1836 - 87
Trefn. Mary Jones McGuyer

Yr Arglwydd yw fy Mugail da,
  diwalla f'eisiau i;
rhydd orffwys im mewn porfa fras,
  caf rodio'n hedd y lli.

Efe a ddychwel f'enaid blin,
  fe'm harwain i bob awr
'r hyd llwybrau ei gyfiawnder pur,
  er mwyn ei enw mawr.

Pe rhodiwn drwy y dyffryn du
  nid ofnwn ddim o'i fraw;
fy nghysur a'm hamddiffyn yw –
  fy Mugail sydd wrth law.

Yng ngŵydd fy ngwrthwynebwyr oll
  arlwya ford i mi;
ag olew ira ef fy mhen,
  a'm ffiol, llawn yw hi.

Daioni a thrugaredd Duw
  a'm dilyn ar fy nhaith,
a chaf gartrefu gyda'm Tad
  i dragwyddoldeb maith

IEUAN S. JONES, 1918-2004

8.   Duke Street

JOHN HATTON, 1710 - 93

Brwydra bob dydd, cryfha dy ffydd,
Crist yw dy nerth i gario'r dydd;
mentra di fyw a chei gan Dduw
goron llawenydd, gwerthfawr yw.

Rhed yrfa gref drwy ras y nef,
cod olwg fry i'w weled ef;
bywyd a'i her sydd iti'n dod,
Crist yw y ffordd, a Christ yw'r nod.

Rho heibio nawr dy bryder mawr,
pwysa ar Grist bob dydd, bob awr;
pwysa, a'th enaid gaiff o hyd
fywyd yng Nghrist a'i gariad drud.

Bydd yn ddi-fraw, mae ef wrth law,
hyd atat fyth ei gariad ddaw;
cred eto fwy, cei hedd di-glwy',
Crist fydd dy haul a'th bopeth mwy.

J. S. B. MONSELL, 1811-75
cyf. W. RHYS NICHOLAS, 1914-96

9.

Converse

C. C. CONVERSE, 1832 - 1918

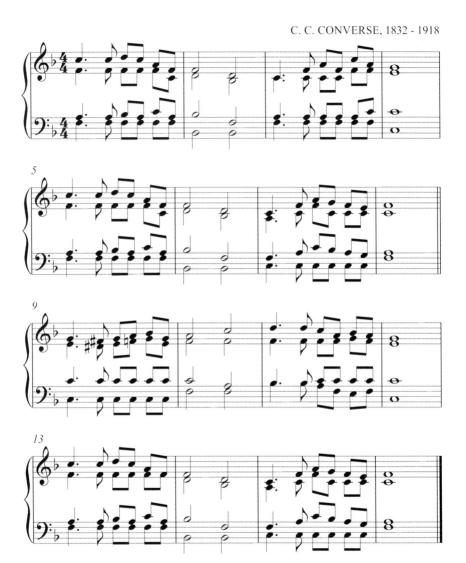

O'r fath gyfaill ydyw'r Iesu,
  ffrind ymhob ystorom gref;
O'r fath fraint yw mynd â'r cyfan
  yn ein gweddi ato ef.
O'r tangnefedd pur a gollwn,
  O'r pryderon 'rŷm yn dwyn,
am na cheisiwn fynd yn gyson
  ato ef i ddweud ein cwyn.

A oes gennym demtasiynau?
  A oes gofid mewn un man?
Peidiwn byth â digalonni –
  gwrendy Iesu weddi'r gwan.
Cyfaill yw sy'n dal yn ffyddlon,
  cydymdeimlo mae â'n llef,
gŵyr yr Iesu am ein gwendid –
  awn â'r cwbwl ato ef.

Pwy sy'n teimlo yn drwmlwythog
  o dan faich euogrwydd cas?
Iesu'n unig yw ein noddfa –
  awn â'n cri at orsedd gras.
A oes ffrindiau'n cefnu arnat?
  Dwed dy gŵyn wrth Frenin hedd:
yn ei freichiau cei dawelwch
  a diddanwch yn ei wedd.

JOSEPH SCRIVEN, 1819-86
cyf. NANTLAIS, 1874-1959

10.   Pantyfedwen

M. EDDIE EVANS, 1890 - 1984

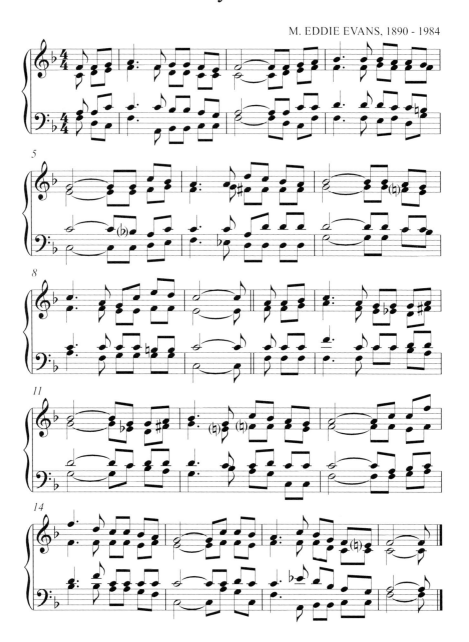

Tydi a wnaeth y wyrth, O Grist, Fab Duw,
tydi a roddaist imi flas ar fyw:
fe gydiaist ynof drwy dy Ysbryd Glân,
ni allaf tra bwyf byw ond canu'r gân;
'rwyf heddiw'n gweld yr harddwch sy'n parhau,
'rwy'n teimlo'r ddwyfol ias sy'n bywiocáu;
mae'r Halelwia yn fy enaid i,
a rhoddaf, Iesu, fy mawrhad i ti.

Tydi yw haul fy nydd, O Grist y groes,
yr wyt yn harddu holl orwelion f'oes;
lle'r oedd cysgodion nos mae llif y wawr,
lle'r oeddwn gynt yn ddall 'rwy'n gweld yn awr;
mae golau imi yn dy Berson hael,
penllanw fy ngorfoledd yw dy gael;
mae'r Halelwia yn fy enaid i,
a rhoddaf, Iesu, fy mawrhad i ti.

Tydi sy'n haeddu'r clod, ddihalog Un,
mae ystyr bywyd ynot ti dy hun;
yr wyt yn llanw'r gwacter drwy dy air,
daw'r pell yn agos ynot, O Fab Mair;
mae melodïau'r cread er dy fwyn,
mi welaf dy ogoniant ar bob twyn;
mae'r Halelwia yn fy enaid i,
a rhoddaf, Iesu, fy mawrhad i ti.

W. RHYS NICHOLAS, 1914-96

Gweinyddir gan Cyhoeddiadau Curiad, Talysarn, Gwynedd LL54 6AB *www.curiad.co.uk*

11. Ceisiwch yn Gyntaf

KAREN LAFFERTY

28

Ceisiwch yn gyntaf deyrnas ein Duw
a'i gyfiawnder ef,
a'r pethau hyn yn ychwaneg roir i chwi:
Halelwia, Halelwia!

Halelwia, Halelwia,
Halelwia, Halelwia, Halelwia!

Nid ar fara'n unig bydd byw dyn,
ond ar bob gair
ddaw o enau Duw ei hun:
Halelwia, Halelwia!

Gofynnwch ac fe roddir i chwi,
ceisiwch ac fe gewch;
curwch ac fe agorir i chwi:
Halelwia, Halelwia!

MATHEW 6:33, 4:4, 7:7
addas. ENID MORGAN

12.   Janice

(Plaisir d'Amour)

Geiriau Cymraeg: R. J. Davies

J. P. E. MARTINI, 1741 - 1816

Trefn. Richard Vaughan.

31

Glân,___ Rho in___ do - leu - ni clir,___ Yn lle - wyrch

cy - son i'n har - wain yn ffordd y gwir.___ Yn lle - wyrch

cy - son i'n har - wain yn ffordd y gwir A - men.

A - men. A -

A - - - men.

A - men. (A) A - - - men.

- - men.

O Dduw, ein Tad,
   Cynhaliwr popeth byw,
o orsedd rasol dy gariad
   ein gweddi clyw.

Dy dyner law
   fo'n gwarchod drosom ni,
ym mhobman diogel a fyddwn
   yn d'ofal di.

O Grist, ein Brawd
   a ffrind holl blant y llawr,
o galon lawen y molwn
   dy enw mawr.

A cheisio wnawn
   dy gwmni di o hyd;
o'i gael fe fyddwn bob amser
   yn wyn ein byd.

Ti, Ysbryd Glân,
   rho in d'oleuni clir
yn llewyrch cyson i'n harwain
   yn ffordd y gwir.

R. J. DAVIES, 1914-77

33

13. Diolch, Diolch, Iesu

ANAD.

Trefn. Betty Pulkingham

1. Di-olch, di-olch, Ie - su,   di - olch, di - olch, Ie - su,

di - olch, di - olch, Ie - su yw fy nghân;

di - olch, di - olch, Ie - su,   O   di - olch, di - olch, Ie - su,

di - olch, di - olch, Ie - su yw fy nghân.

Diolch, diolch, Iesu, (x 3)
yw fy nghân;
diolch, diolch, Iesu,
O diolch, diolch, Iesu,
diolch, diolch, Iesu yw fy nghân.

'Fedra i fyth mo'i amau, (x 3)
yw fy nghân;
'fedra i fyth mo'i amau,
O 'fedra i fyth mo'i amau,
'fedra i fyth mo'i amau yw fy nghân.

'Fedra i fyth fyw hebddo, (x 3)
yw fy nghân;
'fedra i fyth fyw hebddo,
O 'fedra i fyth fyw hebddo,
'fedra i fyth fyw hebddo yw fy nghân.

Ef sydd yn fy nghynnal, (x 3)
yw fy nghân;
ef sydd yn fy nghynnal,
O ef sydd yn fy nghynnal,
ef sydd yn fy nghynnal yw fy nghân.

Diolch, Halelwia! (x 3)
yw fy nghân;
diolch, Halelwia!
O diolch, Halelwia!
diolch, Halelwia yw fy nghân.

ANAD.

cyf. ENID MORGAN

14.   Diogel Wyf Ynot Ti

Geiriau Cymraeg: Aneurin Owen   *I Pu Lawma*

PHILIP P. BLISS, 1838 - 1876

Trefn. Eilir Owen Griffiths

36

Os heddwch fel afon a ddaw imi'n rhan,
neu ofid fel ymchwydd y don.
Ti a'm dysgaist i ddweud, pa beth bynnag a ddaw,
Diogel wyf, ynot Ti Iesu Da.

Diogel wyf, ynot Ti,
Diogel wyf, ynot Ti, Iesu Da.

Fy mhechod rwy'n llonni wrth feddwl nad rhan
a ddygodd Efe, ond yr oll!
Fe'i hoeliwyd i'w groes, nawr o'i faich rwyf yn rhydd,
Mola Dduw, mola Dduw, f'enaid i!

Diogel wyf...

O brysied y dydd pan gaf weled heb len
fy Iesu yn dychwel o'r nef,
Pob cwmwl a ffy, a'r utgorn a gân,
ond er hyn diogel wyf ynot Ti.

Diogel wyf...

HORATIO G SPAFFORD (1828-1888)
cyf. Aneurin Owen
ysbrydolwyd gan gyfieithiad Dafydd Job

Ann Griffiths, 1776-1805. Ystyrir hi yn un o feirdd Cristionogol pwysicaf Ewrop. Ganed hi ar fferm Dolwar Fach. Yn ferch ifanc, mwynhâi Ann ddawnsio a chanu gwerin, ond ar ôl ei thröedigaeth ysbrydol ymunodd â'r Methodistiaid. Cofnododd ei phrofiadau cyfriniol mewn emynau, a nodweddir gan gyfeiriadau ysgrythurol. Rhannodd hwy â'i morwyn Ruth, a adroddodd hwy maes o law i'w gŵr, y Parch. John Hughes, Pont Robert. Cyhoeddwyd yr emynau yn fuan ar ôl ei marwolaeth gyn-amserol ar enedigaeth ei merch.

Arwel Hughes, 1909-1988. Ar ôl graddio yn y Coleg Cerdd (RCM) yn Llundain, cafodd ei benodi i BBC Cymru ac o 1965 i 1971 bu'n Bennaeth yr Adran Gerdd. Yng Nghaerdydd gwasanaethodd am gyfnod maith fel organydd a chôr-feistr yn y Tabernacl, capel y Bedyddwyr. O 1950 ymlaen arweiniodd Gerddorfa Gymreig y BBC. Yn 1986 apwyntiwyd ef yn Gyfarwyddwr Cerdd Mygedol Eisteddfod Ryngwladol Llangollen.

Betty Pulkingham, 1928-. Americanes a wasanaethodd ar y cyd gyda'i gŵr hynaws a oedd yn weinidog ar eglwys yn Houston. Sefydlwyd eglwysi ganddynt yn Lloegr a'r Alban. Tra oedd ef yn pregethu, cynorthwyai hi ef, gan fagu yr un pryd chwech o blant, cyfansoddi cerddoriaeth ac ysgrifennu llyfrau.

Charles C. Converse, 1832-1918. Gosododd ar gân gerdd Scriven, '*Pray Without Ceasing*' a'i hail-enwi '*What a Friend We Have in Jesus*', gan sicrhau enwogrwydd i'r emyn a'r gerddoriaeth. Roedd Converse yn Gristion dysgedig, amlochrog a llwyddiannus, gydag arbenigedd yn y gyfraith a cherddoriaeth.

Eilir Owen Griffiths. Mae wedi ennill nifer o wobrau am ei gyfansoddiadau, gan gynnwys 'Tlws y Cerddor' yn Eisteddfod Genedlaethol Caerdydd yn 2008. O dan arweinyddiaeth Eilir, a'i drefniant o 'Diogel Wyf' fel rhan o'u rhaglen, enillodd CF1 y wobr gorawl yn Eisteddfod Môn 2017.

Enid Morgan, Y Barchedig Ganon erbyn hyn, oedd un o'r merched cyntaf i gael eu hordeinio. Cyfieithodd emynau yn y cyfnod pan oedd cynllun ar y gweill i gyfieithu emynau Saesneg poblogaidd i'r iaith Gymraeg. Mae'r ferch ddawnus hon wedi gwasanaethu fel un o Ymddiriedolwyr y Llyfrgell Genedlaethol, newyddiadurwr, golygydd, darlledwr a darlithydd prifysgol.

Horatio G Spafford, 1828-1888. Roedd yn gyfreithiwr a dyn busnes o America a gollodd ei fuddsoddiadau yn y tân mawr yn Chicago. Collodd hefyd ddau fab ifanc ar ôl salwch. Cofiwn ef yn bennaf am ysgrifennu'r emyn '*It is well with my soul*' yn dilyn colli ei bedair merch pan fu i'w llong suddo ar daith i Brydain. Achubwyd ei wraig yn unig a glaniodd yng Nghaerdydd.

Ieuan S. Jones, 1918-2004. Yr ieuengaf o wyth o blant, astudiodd yng Ngholeg Prifysgol Caerdydd a'r Coleg Coffa yn Aberhonddu. Ordeiniwyd ef yn weinidog gyda'r Annibynwyr yn Seilo Nantyffyllon, Maesteg a gwasanaethodd mewn

Ann Griffiths, 1776-1805, regarded as one of the great Christian poets of Europe, was born in the now iconic farmhouse of Dolwar Fach. As a young girl Ann was fond of dancing and the popular culture of her day but after her religious conversion joined the Methodist Society. She then recorded her mystical experiences in hymns characterized by scriptural allusion, and recited them to her maid, Ruth, who in turn recounted them to her husband, Rev. John Hughes of Pont Robert. They were published shortly after Ann's untimely death following the birth of her daughter.

Arwel Hughes, 1909-1988. After graduating at the RCM in London he joined BBC Wales in 1935 and was Head of the Music Department from 1965 to 1971. In Cardiff he served for many years as organist and choirmaster of the Tabernacl Baptist chapel. From 1950 onwards he conducted the BBC Welsh Orchestra. In 1986 he was appointed Honorary Music Director of the Llangollen International Eisteddfod.

Betty Pulkingham, 1928- . An American who shared a Houston ministry with a charismatic preacher husband. They established churches in England and Scotland. Whilst he preached she assisted him, at the same time raising six children, composing music and writing several books.

Charles C. Converse, 1832-1918, set to music Scriven's poem 'Pray Without Ceasing' renaming the hymn 'What a Friend We Have in Jesus' – giving them both lasting fame. Converse, was a well-educated, versatile and successful Christian, whose talents ranged from law to professional music.

Eilir Owen Griffiths has won many awards for his work as a composer including '*Thws y Cerddor*' (Musician's Award) at the Cardiff National Eisteddfod in 2008. He is the conductor of Côr CF1 and his arrangement of '*Diogel Wyf*' as part of their programme, won them the choral prize at the 2017 Anglesey Eisteddfod.

Enid Morgan, now Rev. Canon, was one of the first women to be ordained. She translated her hymns when there was a movement to make popular English versions available in Welsh. A gifted lady, she has served as Trustee of the National Library, editor, journalist, broadcaster and university lecturer.

Horatio G Spafford, 1828-1888, was a prominent American lawyer and businessman. He lost most of his investments in the great fire of Chicago, and lost 2 young sons to scarlet fever. He is best known for penning 'It is well with my soul', following a family tragedy in which his four daughters drowned on a transatlantic voyage. His wife alone was saved and was taken to Cardiff docks.

Ieuan S. Jones, 1918-2004, the youngest of eight children he studied at University College Cardiff and the Memorial College at Brecon. Ordained minister of Seilo Independent chapel, Nantyffyllon, Maesteg in 1943, he

eglwysi Cymraeg yn y gogledd a'r de. Bu'n Ysgrifennydd Cenhadol Undeb yr Annibynwyr ac yn Llywydd yr Undeb. Roedd hefyd yn ffotograffydd ac arlunydd dawnus. Gŵr â gweledigaeth.

J. Lloyd Edwards, 1877-1951, cerddor talentog o Flaenau Ffestiniog. Fe'i cyfareddwyd gan gerddoriaeth Bach, ond mae ei emyn-dôn 'Diolch â Chân' yn drefniant o Sonata Mozart yn A ar gyfer y piano, a gyfansoddwyd yn 1781. Perswadiodd ei gyfaill J. Lloyd Humphreys (gweler isod) i lunio'r geiriau.

J. Lloyd Humphreys, 1875-1947. Gweithiodd yn chwareli Blaenau Ffestiniog, cyn ei ddyrchafu i fod yn gyfarwyddwr gwerthiant. Cymerodd ran amlwg ym mywyd cyhoeddus yr ardal fel llywodraethwr yr ysgol uwchradd leol ac ymddiriedolwr yr ysbyty. Etholwyd ef yn gynghorydd dros Blaid Cymru.

Jessie Seymour Irvine, 1836-87. Merch i weinidog, a wasanaethodd yn Crimond, Sir Aberdeen, ffynhonnell enw'r dôn. Tybir iddi gyfansoddi'r dôn yn ei harddegau. Disgrifir hi fel cyfansoddwraig amatur dalentog ond ei thôn fwyaf adnabyddus yw ei gosodiad o Salm 23.

John Edwards, 1879-1930. Dechreuodd weithio yn un o byllau de Cymru yn 13, ond roedd ganddo ddiddordeb brwd mewn cerddoriaeth, a goleddid gan ei gapel. Felly, ar ôl damwain yn y pwll, llwyddodd i ennill bywoliaeth fel athro cerddoriaeth. Mudodd i Niagara, UDA, yn 1925 ac yna i Norwood, Ontario, Canada, lle y bu farw. Galwyd ei emyn-dôn 'Maes-gwyn' ar ôl enw ei gartref teuluol, Meisgyn.

John Hughes, 1873-1932. Cychwynnodd weithio yn y pwll glo yn 12 oed, gan ddod yn glerc maes o law ac yn y diwedd yn swyddog yn y Great Western Colliery ym Mhontypridd. Pan oedd yn ddiacon a chodwr canu yn Salem, eglwys y Bedyddwyr, cyfansoddodd lawer o emyn-donau a chaneuon ond fe'i cofir yn bennaf am ei dôn 'Cwm Rhondda'.

John Morgan Nicholas, 1895-1963. Roedd dawn gerddorol Morgan yn amlwg o oed ifanc. Yn wyth oed roedd yn gyfeilydd côr Aberafan mewn cyngherddau ac eisteddfodau. Talodd Miss Talbot, Margam, am ei addysg yn Ysgol Gorawl Eton, lle yr enillodd ysgoloriaeth i Goleg Cerdd Brenhinol Llundain (RCM). Gwnaeth lawer i ddatblygu addysg gerddorol yn yr ysgolion ac yn 1947 penodwyd ef yn Gyfarwyddwr Cyngor Cerddoriaeth y Brifysgol yng Nghaerdydd.

John Richard (J.R.) Jones, 1765-1822. Magwyd ef yn Llanuwchllyn a daeth yn un o hoelion wyth gweinidogaeth y Bedyddwyr. Dylanwadwyd arno gan syniadau Archibald McLean ar drefn eglwysig yn 1798 a gadawodd y Bedyddwyr traddodiadol er mwyn sefydlu enwad newydd, y Bedyddwyr Albanaidd.

Joseph Scriven,1819-1886. Ganed ef yn Iwerddon a graddiodd yng Ngholeg y Drindod, Dulyn. Boddwyd ei gariad yn 1843 y noson o flaen eu priodas. Yn 1845 mudodd i Canada. Yn 1855 clywodd am salwch difrifol ei fam ac

subsequently served as minister of churches in both north and south Wales. He was Missions Secretary to the Union of Welsh Independents and was President of the Union. He was also a gifted photographer and painter - a man of vision.

J. Lloyd Edwards, 1877-1951, a talented musician from Blaenau Ffestiniog. He was enchanted by the music of Bach but his hymn tune '*Diolch â Chân*' is an arrangement of Mozart's Sonata in A for Piano, composed in 1781. He persuaded his fellow townsman J. Lloyd Humphreys (see below) to write the words.

J. Lloyd Humphreys, 1875-1947, worked in the slate quarries of Blaenau Ffestiniog before being promoted to sales director. He played an active role in public life, becoming governor of the local high school and a trustee of the hospital. A member of Plaid Cymru he was elected a councillor in 1946.

Jessie Seymour Irvine, 1836-87, was the daughter of a parish minister who served at Crimond in Aberdeenshire, after which her hymn tune is named. Described as a talented amateur composer, her most famous tune is the popular setting to Psalm 23, 'The Lord's my shepherd' which she is understood to have composed in her teens.

John Edwards, 1879-1930, began working in a south Wales coal mine at the age of 13 but always had a keen interest in music, fostered at his chapel. Therefore after an accident in the pit, he was able to earn a living as a music teacher. He emigrated to Niagara, USA, in 1925 and then to Norwood, Ontario, Canada, where he died. The hymn tune 'Maes-gwyn' had been so called after the name of the family home, Meisgyn.

John Hughes, 1873-1932, started work in a mine at 12 years of age, later becoming clerk and finally an official of the Great Western colliery at Pontypridd. Whilst deacon and precentor of Salem Baptist church he wrote many hymn-tunes and songs but is best remembered for 'Cwm Rhondda'.

John Morgan Nicholas, 1895-1963, showed precocious musical talent. At eight years old he was accompanist to the Aberafan choir at concerts and eisteddfodau. Miss Talbot of Margam paid for his education at the Eton Choir School, whence he won a scholarship to the Royal College of Music. He did much to promote music teaching in schools and in 1947 he was appointed Director of the University Council of Music in Cardiff.

John Richard (J.R.) Jones, 1765-1822. He was brought up in Llanuwchllyn and became a leading Baptist minister. Influenced by Archibald McLean's views on church organization in 1798 he left the traditional Baptists to establish a new denomination of Scotch Baptists.

Joseph Scriven, 1819-1886, was born in Ireland and graduated from Trinity College, Dublin. His fiancée drowned in 1843, the night before they were to be married. He emigrated to Canada, and in 1855 receiving news from Ireland of

i'w chysuro ysgrifennodd gerdd, sydd yn adnabyddus bellach fel 'O'r fath gyfaill ydyw'r Iesu'. Yn 1860 roedd ar fin priodi ond bu farw ei ail gariad yn ddisymwth. Yna cysegrodd weddill ei fywyd i ddysgu, pregethu ac helpu eraill.

Karen Lafferty, 1948-. Ar ôl graddio ymunodd â grŵp cerddorol yn ne California. Wrth grwydro'r Iseldiroedd gyda'r grŵp cerddorol Cristionogol '*Children of the Day*' yn 1973, cyhoeddodd ei halbwm cyntaf ar Maranatha! Music. Wrth sylweddoli bod cerddoriaeth Americanaidd yn boblogaidd yn Ewrop, ond nid yn broffidiol, yn 1981 cychwynnodd '*Musicians for Missions*', i hyfforddi cerddorion Cristionogol ifainc ar gyfer teithiau cenhadol.

M. Eddie Evans, 1890-1984. Ganed ef yn Nhal-y-sarn, ond symudodd ei deulu i Lerpwl yn 1904. Bu'n organydd yng nghapel Cymraeg Edge Lane am 36 o flynyddoedd ac yn arweinydd dau gôr. Enillodd nifer o wobrau eisteddfodol am emyn-donau. Yn 1968 derbyniodd wobr am gyfansoddi 'Pantyfedwen' yn gyfeiliant i eiriau Rhys Nicholas 'Tydi a wnaeth y wyrth', a enillasai y wobr yn Eisteddfod Pantyfedwen y flwyddyn gynt.

Mary Jones McGuyer. Yn gyn-arweinydd Adlais, Côr Meibion Y Penrhyn, Cantorion Bro Cefni, Rhianedd Môn a Hogia'r Ddwylan, mae Mary bellach yn byw yn Texas, lle mae'n dal i weithio ym myd canu a chorau. Mae'n gyfansoddwr a threfnydd profiadol a galw aml am ei gwaith.

Nantlais (W. Nantlais Williams), 1874-1959. Cychwynnodd ei yrfa yn 12 oed yn brentis o wehydd. Yn ddiweddarach fe'i addysgwyd ar gyfer y weinidogaeth yn Ysgol Ramadeg Castell Newydd Emlyn a Choleg Trefeca. Cyhoeddodd gyfrol o'i gerddi 'Murmuron y Nant', pan oedd yn dal yn fyfyriwr. Enillodd ei gadair gyntaf yn Eisteddfod Rhydaman yn 1899 ac eraill yn dilyn, gan derfynu mewn eisteddfod a gynhaliwyd yn Neuadd y Frenhines, Llundain yn 1904. O dan ddylanwad y diwygiad, rhoddodd y gorau i gystadlu, er mwyn canolbwyntio ar efengylu a meithrin bywyd ysbrydol yr eglwys.

(Owain) Aneurin Owen. Yn 2016 cafodd y fraint o fod yng nghwmni CF1 ar ymweliad â Mizoram, India, lle'i ganwyd, a gwrando ar gyflwyniad o'r emyn '*It is well with my soul*' gan Gôr CF1 a Chôr Synod Mizoram ar y cyd gerbron 43,000 o aelodau'r mudiad ieuenctid Cristnogol y KTP a sefydlwyd gan ei dad. Wedi cael ei ysbrydoli gan fendith y cyd-ganu a chyfieithiad Cymraeg Dafydd Job, dyma gyflwyno cyfieithiad newydd i Gôr CF1.

Pedrog (John Owen Williams), 1853-1932. Yn blentyn amddifad dechreuodd weithio yn ifanc fel garddwr, a dysgodd elfennau'r gynghanedd gan y prif arddwr yn Neuadd Gelliwig. Er bod dyfodol disglair o'i flaen fel garddwr, symudodd i Lerpwl i weithio mewn warws cotwm. Yn 1884 fe'i hapwyntiwyd yn weinidog yng nghapel yr Annibynwyr yn Kensington, Lerpwl, bugeiliaeth a barodd am 46 o flynyddoedd. Enillodd sawl cadair mewn eisteddfodau, gan gynnwys Eisteddfod Lerpwl yn 1900. Mae'r gadair hon yn Neuadd y Dref yn

his mother being seriously ill he wrote a poem, 'What a friend we have in Jesus', to comfort her. Due to be married in 1860 his second fiancée died suddenly and he then devoted the rest of his life to tutoring, preaching and helping others.

Karen Lafferty, 1948-. On graduating she joined a Christian musical ensemble in southern California. Touring the Netherlands with the Christian group 'Children of the Day' in 1973, she released her debut album on Maranatha! Music. In 1981, finding American music popular in Europe but not financially viable, she founded 'Musicians for Missions' to train young Christian musicians for mission tours.

M. Eddie Evans, 1890-1984, born at Tal-y-sarn, his family moved to Liverpool in 1904. He was organist at Edge Lane for 36 years, and conductor of two choirs. He won several eisteddfod prizes for hymn-tunes, but the tune which secured him lasting fame was 'Pantyfedwen'. In 1968 this won him the prize for the best tune to accompany W. Rhys Nicholas' words '*Tydi a wnaeth y wyrth*', which had won the first prize at the previous year's Pantyfedwen Eisteddfod.

Mary Jones McGuyer. After conducting Adlais, Côr Meibion y Penrhyn, Cantorion Bro Cefni, Rhianedd Môn and Hogia'r Ddwylan, Mary now lives in Texas where she continues to work with American choirs and vocal groups.

Nantlais (W. Nantlais Williams), 1874-1959, at the age of 12 was apprenticed as a weaver. Later he was educated for the ministry at Newcastle Emlyn grammar school and Trefeca College. At a young age, he published a collection of his poems, *Murmuron y Nant*. He won his first bardic chair at the Ammanford Eisteddfod in 1899 and others followed, culminating at an eisteddfod held in the Queen's Hall, London, in 1904. Affected by the religious revival, it was then he ceased competing, determined thenceforth to consecrate his life to evangelising and fostering the spiritual life of the church.

(Owain) Aneurin Owen. Born in Mizoram, India he re-visited the area with Côr CF1. On hearing the choir, with Mizoram Synod Choir and 43,000 members of the KTP movement established by his father, singing 'It is well with my soul', inspired by Dafydd Job's translation, he wrote this new version especially for Côr CF1.

Pedrog (John Owen Williams), 1853-1932. Orphaned at an early age he started work as a gardener and learnt the rudiments of the Welsh strict metres under the guidance of the head gardener at Gelliwig Hall. Throwing away a perceived golden gardening future he found permanent employment in a Liverpool cotton warehouse. In 1884 he became minister of a Congregational chapel in the Kensington area of Liverpool, a ministry which lasted for 46 years. He won several chairs, culminating at the Liverpool Eisteddfod in 1900; that chair is now on display in Liverpool Town Hall. In 1928 he was chosen as Archdruid, succeeding Elfed.

Lerpwl o hyd. Yn 1928 dilynodd Elfed fel Archdderwydd.

Philip P. Bliss, 1838-76. Dywedir amdano yn America mai ef yw'r emynydd Saesneg ail orau erioed ac y gallasai fod yn orau pe bai wedi byw cyhyd â'i gyd-emynwyr Fanny Crosby, Charles Wesley ac Ira Sankey, ond bu farw yn 38 oed o ganlyniad i ddamwain. Aeth y trên ar dân ond llwyddodd i ddianc. Wrth weld nad oedd ei wraig gydag ef, aeth yn ei ôl i'w thynnu hi allan a bu farw'r ddau gyda'i gilydd.

R. J. Davies, 1914-77. Ganed ef yng Nghyffylliog, Sir Ddinbych. Ar ôl derbyn ei addysg yng Ngholeg Prifysgol Gogledd Cymru, Bangor, a Choleg Diwinyddol Aberystwyth, ordeiniwyd ef yn weinidog gyda'r Methodistiaid Calfinaidd, a bu'n gwasanaethu mewn eglwysi yn Chwilog a Bae Colwyn. Roedd hefyd yn fardd a llenor, gan ennill nifer o wobrau mewn eisteddfodau am ei gynhyrchion llenyddol.

Richard Vaughan. Ysgogwyd Richard i wneud y trefniant hwn ar ôl gweld 'Bronwen' mewn llyfr emynau a gafodd gan ei famgu, Janice. Mae'n cyfansoddi ar gyfer ffilm a theledu ac mae galw mawr am ei gyfansoddiadau corawl a'i drefniannau gan gorau a chantorion. Mae'n arweinydd Côr y Gleision ac yn gyfeilydd Côr CF1.

T. D. Edwards, 1874-1930. Ganed ef yn America ac ysgrifennodd 'Rhyd-y-Groes' ychydig o flynyddoedd cyn diwygiad crefyddol 1904/05. Mewn dadl yn Nhŷ'r Cyffredin yn 1960, diffiniwyd 'Cymro' gan yr AS Sir Raymond Gower fel un a fyddai dan deimlad wrth glywed y cytgan i'r emyn 'Duw Mawr y Rhyfeddodau Maith'. Dywed yr awdur Walter Haydn Davies (1903-1984) i'r emyn hwn gael ei ganu'n gyson gan löwyr Bedlinog wrth ddychwelyd o'r pwll.

T. Rowland Hughes, 1903-49. Ganed ef yn Llanberis, yn fab i chwarelwr. Ar ôl derbyn gradd dosbarth cyntaf mewn Saesneg ym Mangor yn 1928 aeth i Goleg Iesu Rhydychen. Roedd ei swydd bwysicaf gyda'r BBC yng Nghaerdydd ac yno yn 1938 fe'i comisiynwyd i lunio rhaglen ar y cyd ag Arwel Hughes, yn gorffen gyda'r emyn gogoneddus,'Tydi a roddaist'. Ysgrifennodd gerddi a nofelau adnabyddus, gan ennill y gadair ddwywaith yn yr Eisteddfod Genedlaethol. Dioddefodd oddi wrth *multiple sclerosis* a bu farw yn gynamserol yn 46 oed.

Titus Lewis, 1773-1811. Yn fab i weinidog gyda'r Bedyddwyr, a ddysgodd iddo y grefft o gryddiaeth, dechreuodd bregethu ym Mlaen-y-waun yn 1794 ac fe'i hordeiniwyd yn 1798. Yn 1805 cyhoeddodd eiriadur Cymraeg a Saesneg ond ei brif waith yw *Hanes Prydain Fawr* (1810).

William Rhys Nicholas (1914-1996). Gweinidog, bardd, emynydd a golygydd dawnus. Enillodd y wobr gyntaf am emyn gorau Eisteddfod Pantyfedwen 1967. (Gweler M. Eddie Evans uchod.) Yn ddiweddar cynhyrchwyd rhaglen deledu am ei emynau a chydnabuwyd ef fel emynydd mwyaf ysbrydoledig y 30 mlynedd diwethaf.

Philip P. Bliss, 1838-76, is noted in America as the second most famous English hymn writer in history and might have surpassed them all, had he lived as long as his peers, Fanny Crosby, Charles Wesley and Ira Sankey. A tragic accident brought an end to his life when only 38. He was travelling on a train with his wife when a bridge collapsed. The train caught fire but he managed to escape. Finding his wife was not with him, he returned to bring her out and they perished together.

R. J. Davies, 1914-77, was born in Cyffylliog, Denbighshire. After receiving his education at the University College of North Wales, Bangor and the Theological College, Aberystwyth, he was ordained to the Calvinistic Methodist ministry, serving at churches in Chwilog and Colwyn Bay. He was also a poet and littérateur, winning several prizes at eisteddfodau for his literary output.

Richard Vaughan. Richard was prompted to write this arrangement after finding 'Bronwen' in a hymn book given to him by his grandmother, Janice. He has composed for film and TV and his choral compositions and arrangements are increasingly in demand by choirs from across Wales and beyond. He is the conductor of The Cardiff Blues Choir and an accompanist for Côr CF1.

T. D. Edwards, 1874-1930. American born, he wrote 'Rhyd-y-Groes' immediately before the Welsh Religious Revival of 1904/05. In a 1960 House of Commons debate, the MP Sir Raymond Gower defined a 'Welshman' as someone who on hearing the hymn *'Duw Mawr y Rhyfeddodau Maith'* would find a shiver going down his or her spine. The author Walter Haydn Davies (1903-1984) recorded that the miners of Bedlinog would always sing *'Duw mawr y rhyfeddodau maith'* when returning to the pit head.

T. Rowland Hughes, 1903-49, was born in Llanberis, the son of a quarryman. After obtaining a first class degree in English at Bangor, he then studied at Jesus College, Oxford. His most important job was with the BBC in Cardiff and it was there, in 1938, that, with Arwel Hughes, he was jointly commissioned to write an hour-long programme, culminating with the glorious hymn, *'Tydi a Roddaist'*. He wrote poems and novels, winning the chair twice at the National Eisteddfod. Suffering from multiple sclerosis, he died at the early age of 46.

Titus Lewis, 1773-1811. Son of a Baptist minister, who taught him the craft of shoemaking, he began to preach in Blaen-y-waun in 1794, and was ordained there in 1798. In 1805 he published 'A Welsh/English Dictionary' but his chief work was a history of Great Britain, *Hanes Prydain Fawr* (1810).

William Rhys Nicholas (1914-1996) was a gifted minister, poet, hymn-writer, and editor. *'Tydi a wnaeth y wyrth'* won him the prize for the best hymn of the 1967 Pantyfedwen Eisteddfod. (See M. Eddie Evans above.) Recently, a TV programme was devoted to his hymns, acknowledging his unique position as the most inspiring hymn-writer in the Welsh language of the last 30 years.

Côr CF1

Sefydlwyd CF1 yn 2002 gan grŵp o gyfeillion a oedd yn hoff o ganu ac wedi ymgartrefu yng Nghaerdydd. Mae Côr Cymysg CF1 wedi cael llwyddiant mewn nifer o gystadlaethau mawr eu bri yn Eisteddfod Genedlaethol Cymru, Eisteddfod Pontrhydfendigaid, Cystadleuaeth Côr Cymru ac hefyd wedi ennill cystadleuaeth BBC Côr y Byd yn 2014. Enillasant y wobr gyntaf yn y gystadleuaeth ar gyfer Corau Cymysg yn Eisteddfod Genedlaethol Môn, 2017.

Mae gan aelodau'r côr nifer o atgofion melys, ac yn eu plith mae agoriad swyddogol Canolfan Mileniwm Cymru yn 2004 a pherfformio 'Carmina Burana' Carl Orff yn Neuadd Dewi Sant ar y cyd â Chwmni Dawns Cenedlaethol Cymru yn 2009. Mae'r côr hefyd wedi rhyddhau dwy CD – 'Côr Aelwyd CF1' (2006) a 'Con Spirito' (2011).

Cafwyd llawer o hwyl yn teithio ar draws Cymru a thu hwnt i gynnal cyngherddau ac i gystadlu'n rhyngwladol. Maent wedi creu argraff yn America, Gwlad Pwyl, Canada, Iwerddon a'r Almaen. Yn 2013, i ddathlu eu dengmlwyddiant, treuliodd y côr wythnos yn ardal Llyn Garda, Yr Eidal, yn cynnal cyngherddau yn Basilica San Zeno Maggiore, Verona a Basilica St. Marc, Fenis. Yn 2016, teithiodd 18 aelod o'r côr i Mizoram, India, i ddilyn ôl traed y cenhadwr o Gymru a sefydlodd genhadaeth Gristionogol yn Mizoram yn y 1950au. Cafodd CF1 y fraint o ganu yng nghyngerdd dwyflynyddol y genhadaeth o flaen 43,000 o bobl.

Cyfarwyddwr Cerdd	Eilir Owen Griffiths
Is arweinydd a chyfeilydd	Rhiannon Pritchard
Cyfeilydd	Richard Vaughan
Ysgrifennydd	Carwyn Wycherley
Lleoliad	Albany Road Baptist Church, Caerdydd

https://www.corcf1.com   www.facebook.com/corcf1   Trydar:@corCF1

Côr CF1

CF1 was formed in 2002, as a group of friends who loved to sing and made Cardiff their home. CF1, a Mixed Choir, has experienced success in a number of prestigious competitions at the National Eisteddfod, Eisteddfod Pontrhydfendigaid and the Choir of Wales Competition *(Côr Cymru)* winning the BBC Choir of the Year competition in 2014. In 2017, they won the coveted first prize in the Mixed Choir category at the National Eisteddfod in Anglesey.

Particularly memorable occasions for members are the official opening of the Wales Millennium Centre in 2004 and performing 'Carmina Burana' at St David's Hall in conjunction with National Dance Company Wales in 2009. The choir has previously released two CD's – 'Côr Aelwyd CF1' (2006) and 'Con Spirito' (2011).

Great fun has been gained in travelling across Wales and beyond to hold concerts and to compete internationally. They have left their mark on America, Poland, Canada, Ireland and Germany. In 2013, to celebrate their tenth anniversary, the choir spent a week in the region of Lake Garda, Italy, holding concerts at the Basilica of San Zeno Maggiore, Verona and St. Mark's Basilica, Venice. In 2016, 18 members of the choir travelled to Mizoram, India to retrace the steps of a Welsh missionary who set up a Christian organisation in Mizoram in the 1950s. CF1 were lucky enough to sing at the organisation's biennial concert in front of 43,000 people.

Musical Director   Eilir Owen Griffiths
Deputy Conductor & accompanist Rhiannon Pritchard
Accompanist   Richard Vaughan
Secretary   Carwyn Wycherley
Location   Albany Road Baptist Church, Cardiff

https://www.corcf1.com   www.facebook.com/corcf1   Twitter:@corCF1

CD - DIOLCH Â CHÂN

1   TYDI A RODDAIST *Tydi a roddaist liw i'r wawr*
Arwel Hughes; T Rowland Hughes © Oriana Publications Ltd.

2   MAES-GWYN *O fendigaid Geidwad*
John Edwards; Pedrog © Domain Publique.

3   CWM RHONDDA *Wele'n sefyll rhwng y myrtwydd*
John Hughes; Ann Griffiths © Domain Publique

4   BRYN MYRDDIN *Mawr oedd Crist yn nhragwyddoldeb*
John Morgan Nicholas; Titus Lewis © John Morgan Nicholas

5   RHYD-Y-GROES *Duw mawr y rhyfeddodau maith*
T D Edwards; Samuel Davies cyf./*trans.* J R Jones © Domain Publique

6   DIOLCH Â CHÂN *Arglwydd mawr y nef a'r ddaear*
Wolfgang Amadeus Mozart, trefn./*arr.* J Lloyd Edwards; J Lloyd Humphreys © Undeb yr Annibynwyr

7   CRIMOND *Yr Arglwydd yw fy mugail da*
Jessie Seymour Irvine/David Grant, trefn./*arr.* Mary Jones McGuyer; Ieuan S Jones © Cyhoeddiadau Curiad

8   DUKE STREET *Brwydra bob dydd, cryfha dy ffydd*
Henry Boyd; J S B Monsell, cyf./*trans.* W Rhys Nicholas © Undeb yr Annibynwyr

9   CONVERSE *O'r fath gyfaill ydyw'r Iesu*
Charles C Converse; Joseph Scriven, cyf./*trans.* Nantlais © Hughes a'i Fab (EMI Music Publishing Ltd.)

10 PANTYFEDWEN *Tydi a wnaeth y wyrth, O Grist*
M Eddie Evans; W Rhys Nicholas © Cyhoeddiadau Curiad

11 CEISIWCH YN GYNTAF *Ceisiwch yn gyntaf deyrnas ein Duw*
Karen Lafferty; Mathew 6:33/4:4/7:7, addas./*adapt.* Enid Morgan © Maranatha! Music.

12 JANICE (Plaisir d'amour) *O Dduw, ein Tad*
J P E Martini, trefn./*arr.* Richard Vaughan; R J Davies © Cyhoeddiadau Curiad

13 DIOLCH, DIOLCH, IESU *Diolch, diolch, Iesu*
Anad./*anon.* trefn./*arr.* Betty Pulkingham; Anad./*anon.* cyf./*trans.* Enid Morgan © Copyright Control

14 DIOGEL WYF *Os heddwch fel afon*
Philip Paul Bliss, trefn./*arr.* Eilir Owen Griffiths; Horatio G Spafford, cyf./*trans.* Aneurin Owen © Cyhoeddiadau Curiad

---

Y Côr / *The Choir* — Côr CF1
Cyfarwyddwr Cerdd / *Musical Director* — Eilir Owen Griffiths
Arweinydd/Conductor (traciau/*tracks* 6 & 7) — Richard Vaughan
Organ — Robert Court
Piano (traciau/*tracks* 12 & 14) — Richard Vaughan
Recordiwyd yn Albany Road Baptist Church, Caerdydd – Tachwedd 2017
Recorded at Albany Road Baptist Church, Cardiff – November 2017
Cynhyrchydd a pheiriannydd / *Producer and engineer*: — James Clarke
Cymysgwyd gan / *Mixed by*: — James Clarke
Mastrwyd yn Stiwdio Sain gan / *Mastered at Sain Studios by*: — Siwan Lisa Evans

TRYFAN TRF 505